EL PODER DE LA DISCIPLINA

7 pasos para alcanzar tus objetivos sin depender de tu fuerza de voluntad

Daniel J. Martin

Copyright © 2022 Daniel J. Martin

Todos los derechos reservados. Queda rigurosamente prohibida, sin la autorización escrita de los titulares del copyright, bajo las sanciones establecidas en las leyes, la reproducción total o parcial de esta obra por cualquier medio o procedimiento, incluidos la reprografía y el tratamiento informático, y la distribución de ejemplares mediante alquiler o préstamo públicos.

ISBN 978-9916-9937-3-6

Aviso: Este libro ha sido creado con la intención de ofrecer información, sugerencias y orientación sobre distintas áreas de la vida, entre ellas el bienestar emocional, la salud mental, el crecimiento personal y el desarrollo de relaciones saludables. Sin embargo, no sustituye en ningún caso a la atención médica profesional o al asesoramiento de un psicólogo o terapeuta calificado. Si estás enfrentando problemas serios de salud mental o emocional, te recomendamos que busques ayuda profesional de manera inmediata.

«La disciplina es el puente entre las metas y el logro.»

— Jim Rhon

ÍNDICE

Introducción: ¿Por qué la disciplina?.................................. 1
   Pero ¿qué es la disciplina?.. 2
   La disciplina te muestra tu auténtico yo 4
   La disciplina como flotador.. 6

Paso 1: Examina tu nivel de autodisciplina.................. 11
   ¡Tu turno! 14
   ¿Te conoces o te ignoras?... 16
   ¿Qué dice la neurología sobre la disciplina? 21
   Autodisciplina e identidad.. 24
   El kit básico de la autodisciplina 27

Paso 2: Encuentra tus propósitos de vida 31
   ¿Qué son los propósitos de vida? 32
   ¿Cuál es tu porqué? 33
   Propósito de vida *versus* felicidad 34
   ¿Qué harías si no tuvieras miedo?............................... 34
   Tus propósitos a la inversa 37
   ¡Ojo con el cerebro reptiliano! 37

Paso 3: Comprométete con tu misión 43
   La letra pequeña de tu propósito 44
   Entierra las excusas 47
   Qué es la motivación 54
   Céntrate en la identidad 58
   El efecto del progreso fundamentado 59

Ten presente la fatalidad 61
Comprométete con el futuro 62
El síndrome del impostor... 63

Paso 4: Disciplina tu cuerpo 67
La regla del 40% de los SEALs 68
Domina tu dolor.. 71
Disciplina tus noches 74
La libreta en la mesilla de noche.................................. 76
La técnica de dormir de los SEALs 77
Otros trucos para disciplinar tu descanso.................... 80

Paso 5: Disciplina tu mente 83
Nuestros recursos intelectuales 83
¿Podemos ser amigos de nuestro estrés? 84
La batalla contra la incomodidad neuronal 86
La técnica del *pomodoro*... 89
Las olas de concentración de Lobdell......................... 90
Autodisciplina para las emociones............................... 92
Molesta a tu estado de ánimo....................................... 94
La técnica de la piedra gris 96
Disciplina contra la ansiedad 97

Paso 6: Moldea tu tiempo 103
La Ley de Cyril Parkinson 104
¡No tengo tiempo!... 105
Los 10 mandamientos de la gestión del tiempo 108
La gestión del tiempo productivo 110
La Ley de Pareto 113

Paso 7: Vence las tentaciones 117
   Las islas de las sirenas 118
   El cheque de los 10 millones de dólares 120
   Otros trucos para evitar tentaciones 121
Alcanza la excelencia 125

¡Un regalo solo para ti!

¿Te gustaría leer **mi próximo libro completamente GRATIS**? ¡Escanea el código que aparece debajo y **apúntate a mi club de lectores**!

Te esperan grandes sorpresas: sé el primero en leer mis nuevos lanzamientos, escucha mis audiolibros de forma gratuita, consigue copias firmadas y dedicadas… ¡y mucho más!

INTRODUCCIÓN

¿Por qué la disciplina?

Aunque no te conozco, sé algo de ti: eres capaz de mucho más. ¿Cómo lo sé? Bueno, no es ningún secreto: la gran mayoría de las personas vive por debajo de su potencial. Y si estás leyendo estas líneas, seguro que no eres una excepción.

Intuyo que hay algo en tu vida que no funciona. Tal vez un objetivo importante se te resiste, puede que hayas renunciado a un sueño y ahora te arrepientes, quizás estás decepcionado de la vida que llevas o sientes que alguien se está aprovechando de ti porque tú no sabes cómo aprovechar tus recursos y tu potencial. Sea lo que sea, lejos de olvidarlo, parece que eso te está pesando cada día más.

Ahora te pido que me escuches: tienes la capacidad de conseguir mucho más. Desde hoy. Y no hablo de dinero o éxito (¡qué también!). Hablo de auténtica felicidad. De estar orgulloso. De asombrarte de logros que nunca pensaste que alcanzarías. No te estoy vendiendo humo, es la pura verdad: puedes llegar mucho más lejos, y lo único que debes hacer es disciplinarte.

¿Por qué la disciplina? ¿Qué hay de la pasión o de la fuerza de voluntad? Aunque también son importantes, al igual que la inteligencia o la confianza en uno mismo, si realmente quieres ser dueño de tu vida, es imprescindible que aprendas a dominar tu disciplina.

Pero ¿qué es la disciplina?

Cuando hablamos de disciplina, vemos que mucha gente levanta la ceja con escepticismo o directamente se pone a la defensiva. La disciplina tiene tantas connotaciones negativas (sumisión, obediencia, censura, coacción, autoritarismo, castigo, falta de libertad...), que no es extraño que tratemos de saltárnosla y buscar métodos alternativos para lograr las cosas que deseamos.

Sin embargo, ninguno de los términos anteriores tiene que ver con la disciplina entendida como herramienta para el crecimiento. La propia palabra disciplina, que deriva del latín *discipulus* (discípulo), no está relacionada con sumisión ni castigo sino con el aprendizaje: la raíz «disc-» corresponde al verbo latín *discere* (aprender).

La disciplina tiene que ver con crecer, y no con obedecer.

Así lo resumía el empresario y educador Stephen Covey, padre de nueve hijos y autor del superventas *Los 7 hábitos de las personas altamente efectivas*: «La mayoría de las personas equiparan disciplina con ausencia de libertad. Es lo contrario».

¿Por qué? ¿Cómo la disciplina puede ser libertad si nos obliga a hacer cosas que no queremos? ¿Cómo va a ser más libre alguien que se prohíbe el azúcar que alguien que se atiburra a donuts cuando le da la gana?

La disciplina, cuando es fruto de una elección personal, es una actitud y no una imposición. Es la herramienta mental que nos permite organizar nuestro día a día para avanzar hacia nuestros objetivos.

Cuantos más aspectos de nuestra vida diaria seamos capaces de controlar y disciplinar, más eficientes seremos y mejores decisiones tomaremos. Las buenas decisiones nos llevarán a éxitos que aumentarán nuestra independencia y nuestra libertad; por lo tanto, disciplina no es sumisión sino fuente de libertad.

La disciplina te muestra tu auténtico yo

Formalmente, podríamos definir la disciplina como un método de entrenamiento en cualquier ámbito que nos instruye, da fuerza y prepara para alcanzar metas o niveles óptimos de conocimiento en esa área. Así, la disciplina en la misión de aprender un idioma consistirá en dedicar tiempo y atención de forma eficiente al estudio de ese idioma con el fin de dominarlo gradualmente. No hay mucho misterio en ello.

Sin embargo, en mis años de experiencia abogando por la disciplina he podido observar un beneficio mayor, mucho más elevado y poderoso, y que no es visible al comienzo del proceso para la mayoría: la disciplina lleva a la gente a encontrarse con su propio yo en el sentido más profundo del término.

Esto es así porque la disciplina es una extraordinaria vía para el autoconocimiento. Descubrir nuestras debilidades y fortalezas, nuestros límites y nuestros miedos, lo que nos mueve en esta vida y lo que dejamos de lado porque no va con nosotros; todo ello lo conoceremos practicando la disciplina. Y por experiencia profesional sé que tu auténtico yo te va a gustar.

La persona disciplinada es muy consciente de lo que es y de su misión en este mundo. La persona indisciplinada acaba viviendo no solo alejada de su potencial sino también de quien verdaderamente es. La persona disciplinada es dueña de su vida, la persona indisciplinada es un barco a la deriva.

La disciplina como flotador

La disciplina también es una poderosa arma para sacarnos de los pozos donde, por desgracia, muchos de nosotros caeremos en algún momento de nuestra vida: un fracaso, la pérdida de un ser querido, un trauma del pasado, una depresión... Los que nos dedicamos a la psicología lo sabemos bien, y a menudo recetamos altas dosis de disciplina contra los males que nos arrastran hasta fondo del mar: cuando la vida nos golpea, la disciplina es capaz de levantarnos de la cama, no porque nos devuelva la ilusión o nos cure las heridas, sino porque es lo que debemos hacer para seguir siendo nosotros mismos.

Levantarnos de la cama cuando no hay nada por lo que luchar es un ejercicio de respeto hacia nosotros mismos.

Sé que ahora mismo puede parecerte que la disciplina no puede cambiar cosas como tu pasado o la arrogancia de tu jefe. Pero seguro que sí estás de acuerdo con lo siguiente: ser dueño de ti mismo te empodera para liberarte de los fantasmas del pasado y ser más respetado en el presente.

Por último, ten esto siempre presente: si tú no te autodisciplinas para servirte a ti mismo, otro vendrá a disciplinarte para que lo sirvas a él. Una persona, una sociedad, cuyo día a día es errático e indulgente, es más manipulable que una que sabe lo que quiere y actúa según su propio método. Si sientes que hay una parte de ti gobernada por terceros (y no hablo de las obligaciones lógicas que tenemos todos en sociedad, sino de un aprovechamiento indebido de tus recursos), la disciplina es la mejor arma para poner límites.

La disciplina es lo contrario de regalarle tu tiempo al azar. Y el azar es un término muy romántico para las películas y las novelas, pero muy poco aconsejable en nuestras vidas.

Si con lo dicho hasta aquí no te he convencido del gran poder que tiene la disciplina, te invito a que lo compruebes tú mismo: continúa leyendo y si, siguiendo los 7 pasos que te propongo, no has logrado estar más satisfecho con tu vida, prometo devolverte tu dinero.

Todos tenemos objetivos y sueños. Todos queremos vidas más plenas, productivas y satisfactorias. Pero no siempre somos conscientes del camino que debemos elegir. El objetivo de este libro es descubrir ese camino juntos. Porque creo que puedo ayudarte, porque yo mismo me vi en la misma situación que puede que tú te veas ahora.

Te invito a hacer juntos el viaje hacia una vida más plena. Lo haremos eligiendo propósitos y objetivos que merezcan la pena y disciplinando nuestras acciones para que nos lleven a esos objetivos. Veremos cómo entrenar la mente para que nuestros impulsos no nos dominen. Y veremos cómo usar el tiempo, aprovechándolo al máximo y sin ir agotados por la vida.

Deseo de corazón que disfrutes de este viaje apasionante capaz de cambiar tu vida.

Daniel

PASO 1

Examina tu nivel de autodisciplina

«No sé nada acerca de cómo superar a otros. Solo conozco el modo de superarme a mí mismo.»

— *Código Bushidō* (el libro de los guerreros samurái)

En septiembre de 2022, y tras 27 años como tenista profesional, Serena Williams anunciaba su retirada del deporte. Había ganado todos los torneos posibles y se había convertido en la mejor tenista de todos los tiempos y en un ejemplo de empoderamiento para mujeres y niñas del mundo entero. Si a eso sumamos que hoy día es una persona íntegra, familiar, comprometida y solidaria, que se declara una madre feliz y que es multimillonaria, poca gente no vería en ella la encarnación del éxito. ¿Cómo lo hizo? O, mejor dicho, ¿cómo se hizo a sí misma?

Sin duda, su físico fue de gran ayuda, pero no fue determinante. Su padre y su madre supusieron un gran apoyo durante su infancia, aunque una familia entregada no es garantía de éxito en un hijo o una hija. ¿Su inteligencia? Sí, es importante, pero no suficiente. No, el factor sin el cual Serena Williams no habría obtenido el récord absoluto de 23 victorias individuales del Grand Slam más otros 73 títulos, el único factor imprescindible para convertirse en quién es, fue su autodisciplina.

La disciplina convirtió **lo imposible en posible**. ¿Por qué lo imposible? Por cómo era la realidad cuando Williams agarró su primera raqueta con tres años: lo que ella conseguiría en el futuro no existía aún, nadie lo había logrado, y menos una mujer negra que creció en una de las ciudades con mayor índice de criminalidad y pobreza del país.

La autodisciplina de Serena Williams no solo la cambió a ella: cambió el mundo para hacer un hueco a alguien que hasta entonces no existía. Lo imposible se volvió posible.

Claro que cuando Williams empezó no se planteaba nada de esto. Probablemente ni sospechaba lo que su cuerpo y su mente eran capaces de hacer, y dudo que visualizara los 260 millones de dólares que posee actualmente. De todo lo que le reportaría el tenis, ella solo conocía la primera parte, y era la de sudar la camiseta entrenando día tras día.

El ejemplo de Williams me sirve para exponer esto: **la disciplina debe estar en nuestra vida** por encima de la fuerza de voluntad, la vocación o la fe. No digo que estos elementos no sean importantes, digo que no sirven si no los alineamos con la disciplina.

¡Tu turno!

Es el momento de hablar de ti. Imagino que no eres Serena Williams y que tus logros hasta ahora son bastante más modestos. Pero en este capítulo no evaluamos los logros pasados sino el punto de partida para los logros futuros. En términos de autodisciplina, ¿sabes cuál es **tu punto de partida ahora mismo**?

Te invito a que realices el siguiente test de 12 preguntas. No le dediques mucho tiempo, lo mejor es que no tengas que pensar mucho cada respuesta:

1. ¿Conoces tus principales **fortalezas** y **debilidades**?
2. ¿Cambias de **opinión** con facilidad?
3. ¿Tus **pensamientos**, **acciones** y **deseos** para el futuro tienen relación entre sí?
4. ¿Gastas más **dinero** del que deberías?
5. ¿Sabes si estás **sano**? (La pregunta no es si

estás sano o no, es si estás al corriente de tu estado de salud).

6. ¿Sueles incumplir las **promesas** que te haces a ti mismo y a los demás?

7. ¿Sabes si estás **en forma**? (Ídem que la pregunta 5).

8. ¿Crees que **mereces** cosas mejores?

9. ¿Sabes qué **valoran** más de ti tu pareja / amigos / familia?

10. Cuando alguien consigue un logro ¿sientes que es **injusto**?

11. ¿Sabes qué **estarás haciendo** el próximo martes a las 17 horas?

12. ¿Te cuesta tomar **decisiones**?

Si has contestado «sí» a la mayoría de preguntas con número impar, tu nivel de autodisciplina parece que es correcto para empezar. Si la mayoría de tus «sí» han sido para las preguntas par... Bueno, ¡para eso estás leyendo este libro!

¿Te conoces o te ignoras?

Ahora te invito a que chequees tu relación contigo mismo. ¿Te conoces bien? ¿Ignoras tus propias necesidades o, por contra, eres indulgente contigo mismo? Si quieres, guíate por este cuestionario:

1. ¿Conoces tus debilidades?

¿Qué es «superior a ti», es decir, sobre lo que no tienes control? ¿La comida basura? ¿Un mal partido de tu equipo? ¿Los videojuegos? ¿Tu jefe? ¿Las tareas domésticas?

Si no lo tienes claro, obsérvate en tu día a día. Localiza en qué momentos tus debilidades te pueden, en qué estado emocional recurres a ellas y en qué circunstancias. Apúntatelo para tenerlo presente.

2. ¿Tienes asumidas tus limitaciones?

Las limitaciones son los obstáculos reales con los que partes, y suponen un baño o bien de realidad o bien de humildad: si quieres dominar el surf pero vives a 2.000 kilómetros de la costa tienes una clara limitación. Si quieres tocar el piano pero te faltan dos dedos, tendrás que enfocar tu técnica de otra manera. Si quieres iniciar tu negocio pero no te puedes permitir la inversión económica inicial, debes contar con esta limitación.

3. ¿Dónde están tus tentaciones?

Ahora te pido que observes tu casa, tu móvil, tu lugar de trabajo y tu barrio, y te fijes en las posibles tentaciones que te rodean. ¿A qué distancia las tienes? ¿Qué tan fácil es llegar a las debilidades que has apuntado en el primer punto? ¿Y qué sueles hacer para dificultar el acceso a ellas?

Si usas constantemente aplicaciones donde acabas perdiendo tiempo y dinero, elimínalas de tu teléfono móvil. Si visitas páginas web que te perjudican, impídete a ti mismo acceder a ellas. Usa un bloqueador o sistema de censura, deja el móvil en otra habitación, apágalo, lo que sea necesario.

Si cada día pasas frente a una casa de apuestas o una tienda de electrónica y eso te supone un problema, toma otro camino.

4. ¿Puedes explicar tus metas y tus planes para conseguirlas en 1 minuto?

No hemos hablado aún de objetivos, pero te anticipo que una vez definidos, deberás actuar de acuerdo a ellos. Para ello, te propongo que te familiarices con la técnica del *elevator pitch* o de la venta en el ascensor.

La técnica del *elevator pitch* se utiliza en sectores empresariales para testar si un emprendedor tiene claro su proyecto. Consiste en «vender» esa idea en el tiempo que dura un trayecto de ascensor. Si no consigue sonar auténtico o convincente, es que o no lo tiene claro, o ni él mismo se crees su proyecto.

¿Puedes convencerme en 1 minuto de que tus objetivos son alcanzables con tu estilo de vida actual?

5. ¿Tienes hábitos que se retroalimentan?

Descansar bien, llevar una dieta saludable, hacer ejercicio regular, cuidar el aspecto personal o tener limpio tu hogar son hábitos transversales que te ayudarán en tus objetivos, especialmente cuando te falle la fuerza de voluntad o uno de tus pilares se venga abajo por algún motivo: no es lo mismo resistir un fuerte vendaval en una casa reforzada y bien mantenida desde los cimientos que en una casa que se cae a trozos. Tal vez cuando hace buen tiempo ambas casas se ven igual de bien, pero cuando llega la tormenta, solo la que está preparada resiste.

6. ¿Te tratas bien a ti mismo?

Autodisciplinarte no significa maltratarte. La vida también son los pequeños placeres tras jornadas donde lo das todo. Es obvio que los placeres no deben entrar en conflicto con los objetivos (si estás a dieta, no te regales churros), pero debes premiarte cuando te hayas esforzado.

Si no tienes por costumbre regalarte pequeños placeres, empieza a hacerlo. Puedes escribirlos en una lista y, cada mañana, dedicar unos segundos a recrearte en ellos antes de iniciar la jornada. La anticipación es poderosa y te ayudará a esforzarte.

Tal vez todo lo dicho hasta aquí te suene a palabrería de *coach* hiperventilado. Que un puñado de hábitos saludables en ningún caso te pueden convertir en alguien distinto de quien eres y que, volviendo al ejemplo de Serena Williams, tú ya no tienes tres años ni tu cerebro está para exigirle grandes cambios a estas alturas de la vida.

Tendemos a creer que, una vez llegamos a la edad adulta y con «el carácter formado», ya **no podemos cambiar** por mucha disciplina que nos impongamos. Si tú también lo crees, deja que sea la ciencia quien te muestre lo contrario.

¿Qué dice la neurología sobre la disciplina?

En las últimas décadas se ha estudiado muy a fondo la relación entre la disciplina y el funcionamiento del cerebro, con resultados reveladores.

Como sabes, nuestro cerebro está formado por varias regiones con funciones distintas. En la parte delantera del cráneo, tras la frente, se encuentra la corteza prefrontal, que es la zona más moderna desde el punto de vista evolutivo, y la responsable de las **funciones ejecutivas**. Las funciones ejecutivas son las que realizamos consciente y voluntariamente tras un proceso cognitivo complejo: tomar decisiones, organizar tareas diarias, adecuar nuestro comportamiento social a cada momento, etc.

Las funciones ejecutivas pautan nuestra conducta y permiten la atención, planificación y reorientación de nuestros actos sobre la marcha gracias a la información que hemos obtenido de veces anteriores (lo que llamamos «memoria de trabajo»), y de acuerdo con las metas que nos hemos propuesto.

¿Cómo afecta la autodisciplina a todas esas funciones ejecutivas? **La autodisciplina entrena la mente** para hacer esas funciones de forma más eficiente llegado el momento. Es una caja de herramientas a su disposición.

Las investigaciones con imágenes cerebrales muestran una clara correlación entre el nivel de **autodisciplina** y el de **actividad cerebral**: al realizar cualquier función ejecutiva, cuanto mayor es la autodisciplina de una persona, mayor es su actividad en la corteza prefrontal, lo que significa que el cerebro está manejando más opciones para abordar la tarea.

Vamos a verlo con un ejemplo: ante una tentación (como un nuevo mensaje que entra en el móvil cuando estamos conduciendo), el cerebro se pone a trabajar rápidamente para dar una respuesta. Una corteza prefrontal disciplinada dispondrá de más información sobre situaciones pasadas y concluirá que no debe desviar la atención de la carretera para mirar el móvil: en consecuencia, el conductor ignorará la tentación sin demasiado esfuerzo. En una persona con menos autodisciplina, el modo de actuar no estará pautado, por lo que su cerebro no sabrá si responder o no a la tentación: como consecuencia, el conductor dudará y probablemente tomará el móvil antes de llegar al destino porque le es más fácil caer en la tentación que resistirla.

La autodisciplina nos ayuda a **permanecer enfocados**. Incluso frente a estímulos desconocidos, el cerebro disciplinado tiene más pistas sobre cómo actuar que el cerebro obligado a improvisar continuamente. En otras palabras: el cerebro disciplinado dispone de mejores cartas para jugar.

Autodisciplina e identidad

La autodisciplina no solo nos guía con las tareas diarias, sino que nos ayuda a **ser quien somos**.

No nacemos con autodisciplina: es una habilidad que aprendemos y memorizamos desde pequeños hasta convertirla en parte de nosotros. Si de pronto «borráramos» ese aprendizaje de nuestro cerebro, el carácter nos cambiaría y dejaríamos de ser nosotros mismos.

Es famoso el caso del trabajador del ferrocarril estadounidense llamado Phineas Gage, que el 13 de septiembre de 1848 tuvo un grave accidente laboral que destruyó parte de su lóbulo frontal. Aparentemente, aquel hombre se recuperó por completo –caminaba, comía, hablaba, etc.–, pero sus allegados aseguraron que **«ya no era el mismo»**: Phineas, un hombre agradable y formal, se convirtió en un tipo impulsivo, blasfemo, grosero y caótico.

Ello demuestra que todo su entrenamiento sobre cómo comportarse se había borrado de su disco duro. Puesto que ser responsable y formal definía a Phineas, cuando dejó de ser responsable y formal, dejó de ser Phineas.

Siguiendo esta lógica, si la disciplina está involucrada en cómo somos, ¿puede la disciplina **convertirnos en alguien que aún no somos** pero que queremos ser?

La respuesta es rotundamente sí.

Esto es lo que se ha demostrado con el estudio de la neuroplasticidad[1]: que el cerebro *siempre* tiene la capacidad de mejorar su organización neuronal. De hecho, se sabe que el cerebro es capaz de seguir generando neuronas y conexiones neuronales hasta **pasados los 80 años de edad**.

---

1 La neuroplasticidad es el proceso de aprendizaje neurobiológico, y consiste en la capacidad del cerebro para recuperarse, reestructurarse y adaptarse a nuevas situaciones.

Hasta hace poco, de la misma manera que te «tocaban» un par de piernas (más delgadas, más largas, más fuertes, etc.), también te «tocaba» un lóbulo frontal cuyos límites y capacidades eran los que eran. A menos que tuvieras un lamentable accidente como el de Phineas, o una enfermedad neurodegenerativa o algo de impacto similar, a partir de cierto momento tu eficiencia ejecutiva no iba a cambiar por mucho que tú quisieras, y mucho menos mejorar.

Sin embargo, hoy sabemos que las funciones ejecutivas se pueden entrenar y mejorar voluntariamente en cualquier etapa de la vida. Eso significa que la **inteligencia** o el **carácter** no son inamovibles: tenemos poder sobre ellos.

Es cierto que nuestra historia personal y nuestra herencia genética moldean el lóbulo frontal de una u otra manera, pero ni nuestro ADN ni nuestro pasado tienen la última palabra: la **última palabra** la tenemos nosotros.

El kit básico de la autodisciplina

Antes de pasar al siguiente capítulo, me gustaría saber si ya dispones en tu vida diaria del kit básico de autodisciplina. Se trata del **conjunto de hábitos** que ya deberías tener, algo parecido a lo que viene de serie en los coches.

¿Cuáles son estos hábitos? No hay una lista oficial, así que te dejo los 10 que yo considero esenciales:

1. Levantarse **temprano** por la mañana y siempre a la misma hora, tengas o no obligaciones.
2. Dedicar entre **6 y 8 horas diarias** a tu principal actividad productiva, ya sea el trabajo, los estudios o la crianza de los hijos en caso que sean aún pequeños.
3. Hacer **ejercicio** de forma regular.
4. **Dormir** adecuadamente.
5. Comer de forma **equilibrada**.

6. Tener **autocuidado**, tanto a nivel de salud como del aspecto personal y del espacio donde se vive.
7. Cultivar y mantener **relaciones** sociales sanas, dentro y fuera de la familia.
8. Ser ciudadanos **responsables** y respetuosos con la comunidad y el entorno.
9. Tener **tiempo libre** y saber disfrutarlo.
10. Tener objetivos.

Esta base te ayudará mucho más de lo que crees: estos hábitos se **retroalimentan**, y preparan a tu cerebro para dar la bienvenida a otros hábitos más difíciles de sostener en el tiempo, y para los que requerirás de más **perseverancia**.

Resumen del capítulo

- La **disciplina debe estar en nuestra vida** con más presencia que la fuerza de voluntad, la pasión o la fe.

- La disciplina es una herramienta que nos ayuda a realizar de **forma más eficiente** nuestras funciones ejecutivas.

- Para autodisciplinarte debes conocerte: cuáles son tus **fortalezas** y **debilidades**, tus **limitaciones**, **metas**, **planes**, **hábitos** y **relación** contigo mismo.

- Trátate de **forma justa**: la autodisciplina es sinónimo de crecimiento, no de castigo.

- El estudio de la **neuroplasticidad** ha demostrado que podemos cambiar voluntariamente en cualquier etapa de nuestra vida mediante la autodisciplina.

PASO 2

Encuentra tus propósitos de vida

«Los dos días más importantes en tu vida son el día que naciste y el día que descubriste por qué.»
— Mark Twain

«¿Por qué, se preguntarán algunos, elegimos la Luna? Elegimos ir a la Luna en esta década no porque sea fácil, sino porque es difícil. Porque este objetivo servirá para organizar y medir lo mejor de nuestras energías y habilidades».

Así de contundente se mostraba el presidente John F. Kennedy aquel 12 de septiembre de 1962 cuando, literalmente, prometió la Luna a los estadounidenses y al mundo entero en su discurso en la Universidad de Rice, en Houston.

Este capítulo está dedicado a tu propósito de vida o Luna personal. Si aún no tienes claro el tuyo, es el momento de descubrirlo.

¿Qué son los propósitos de vida?

Los propósitos de vida (también significados o motivaciones profundas), son las **razones últimas** por las que vivimos. Son las misiones personales y voluntarias que dan un sentido de identidad y dirección a la propia existencia, es decir, que nos ayudan a saber quién somos y cuál es nuestro lugar en el mundo. Los propósitos de vida tienen que ver con las principales decisiones de nuestra vida y no pueden ser impuestos por terceras personas.

Cuando hablo de propósitos de vida suelo citar al neurólogo y psiquiatra Viktor Frankl, que sobrevivió a los campos de concentración nazis. En su libro *El hombre en busca de sentido*, considerado uno de los más influyentes en Estados Unidos, plasmó algo que descubrió en los campos: los presos que mantenían la voluntad de vivir pese a todas las calamidades eran los que tenían **un porqué**. El propio autor, que perdió a toda su familia en los campos, afirmaba que no habría sobrevivido de no ser por la determinación de escribir su libro.

Como decía Nietzsche, «quien tiene un porqué para vivir puede soportar casi cualquier cómo.»

¿Cuál es tu porqué?

Si de verdad quieres cambiar algo en tu vida, si quieres conseguir cosas nuevas, debes saber qué motivo tienes para hacerlo. Ser un buen padre, escribir una novela, conservar el negocio familiar, aprobar un examen, superar la ansiedad... Todo lo que te propongas requiere sacrificio. **Cuanto mayor es el sacrificio, más potente debe ser el porqué.**

El porqué no debe ser necesariamente épico o digno de cambiar el rumbo de la Historia. Solo debe ser lo suficientemente importante para nosotros como para sostener la lucha.

Propósito de vida *versus* felicidad

A menudo oigo que nuestro propósito de vida es ser felices. Sin duda, la felicidad es una de las causas más lógicas por las que luchar, pero es **arriesgada** como sinónimo de significado de vida porque existe un gran margen de variables que no controlamos. En realidad, la felicidad es solo un **beneficio adicional** que obtenemos al vivir enfocados en propósitos.

Las verdaderas razones por las que elegimos vivir de una manera u otra no deben estar relacionadas con la obtención de una vida placentera sino con **quién queremos ser**.

¿Qué harías si no tuvieras miedo?

Suelo hacer esta pregunta a mis pacientes cuando no tienen claro sus propósitos o significados de vida. Sus primeras respuestas suelen ser tímidas y extraordinariamente prudentes. Debo insistirles, animarlos a que digan «tonterías» para que salgan los **deseos silenciados** durante años de «ser realistas». Las respuestas entonces llegan acompañadas de brillo en los ojos y grandes sonrisas: «abrir una pastelería creativa», «ser *coach* empresarial», «diseñar barcos», «empezar una nueva vida en otro continente», «tener una gran familia», etc.

Todos tenemos algo que **se nos da bien** o que **deseamos profundamente**. Algo que nos gusta hacer, o que podemos estar haciendo durante horas sin cansarnos. Cuando podemos, hacemos de ello nuestro timón de vida. Con menos suerte, hacemos de ello algo que nos acompaña en nuestro tiempo libre.

¿Sabes qué es lo que se te da bien a ti, o lo que más deseas? ¿Está cerca de ser un propósito en tu vida? Ten presente que hacer algo que amas es razón suficiente para hacerlo, al margen de los resultados.

Como ejemplo, algunos **propósitos** de gente que conozco y que está orgullosa de su vida:

- Ser un buen neurólogo.
- Ser el mejor profesor posible.
- Formar una familia donde todos los miembros sean amados y respetados.
- Mejorar la vida de los habitantes de mi pueblo.
- Luchar contra el cambio climático.
- Crear un videojuego rompedor.
- Montar una banda.
- Organizar un evento deportivo que se consolide y mantenga durante años.
- Perpetuar el estilo de vida tradicional de mis ancestros para que no se pierda.
- Abrir un centro de juegos para niños sordomudos.

Tus propósitos a la inversa

Si tú aun no tienes claros tus propósitos de vida, te propongo hacer el ejercicio inverso: no pienses en lo que quieres alcanzar sino en **lo que quieres *evitar*.** Sería algo parecido a esto:

- Quiero evitar sufrir económicamente.
- Quiero evitar un trabajo aburrido.
- Quiero evitar cualquier profesión que no esté relacionada con X.
- Quiero evitar una vida sin ningún impacto positivo en la sociedad.
- Quiero evitar ser como X persona.

Si eres sincero, verás que el camino a seguir se dibujará cada vez con más claridad.

¡Ojo con el cerebro reptiliano!

Todos los estudios acerca del tema coinciden en esto: las personas que tienen un propósito de vida son más felices, tienen mejor autoestima y también mejores relaciones con su entorno. Sin embargo, hay gente que entiende ese propósito como algo **esotérico** o «para gente con una vida fácil» porque lo percibe como una **amenaza** a su ya delicado equilibrio vital.

En cierta manera, hay justificación para ello. Y suele estar en alguna de estas circunstancias:

- **Agotamiento** físico o emocional.
- **Dolor** físico o alguna **enfermedad** que preocupa o limita.
- **Estrés**, **estrés postraumático** o *burnt out* (sensación de estar hastiado de todo).
- Dificultades **económicas** continuas.
- **Falta de información** sobre cómo alcanzar ese propósito.
- **Miedo al éxito** o síndrome del impostor.
- **Incompatibilidad** entre el propósito y las exigencias del entorno actual.

En circunstancias como estas, identificarnos con propósitos que vayan más allá de terminar la semana nos cuesta horrores porque nuestro cerebro primitivo, el que se encarga de mantenernos con vida y que sigue intacto tras 250 millones de años de evolución, antepone el bienestar inmediato a un hipotético beneficio en el futuro. El **instinto de supervivencia** se opone entonces **al propósito de vida**.

De hecho, ni siquiera hay que llegar a una situación extrema para despertar a nuestro cerebro reptiliano: basta con tener la gripe para oír cómo protesta ante cualquier acción que no sea meternos en la cama.

Si estás atravesando un momento difícil, sé consciente de ello. Trátate con **compasión** si te estás flagelando por tu bajo rendimiento o por carecer de sueños por los que luchar. Ya llegarán. Descubre de qué te está **protegiendo** tu cerebro reptiliano y llega a acuerdos con él.

En el siguiente capítulo veremos otro paso previo a autodisciplinarte, que es el **compromiso** con el propósito o misión. Con el compromiso das tu palabra, y es importante porque ya no hay vuelta atrás: así es como quieres ser en el futuro y así es como será.

Resumen del capítulo

- Los propósitos de vida son **las razones últimas** por las que vivimos.

- La felicidad no debería ser un propósito de vida en sí, sino un **efecto colateral** positivo de vivir con propósito.

- Vivir sin propósito es vivir por **debajo de tus posibilidades**.

- En etapas difíciles, nuestro cerebro primitivo **prioriza la supervivencia** antes que los beneficios futuros.

PASO 3

Comprométete con tu misión

«El elemento más importante en la ecuación del fracaso es tu compromiso personal de seguir intentándolo.»
— Catherine Pulsifer

¿Ya tienes tu/s propósito/s de vida? ¡Felicidades! Es un paso muy importante en tu camino de crecimiento. Ahora toca comprometerte con él, asumiendo que habrá piedras en el camino.

En un mundo ideal solo habría decisiones correctas porque barajaríamos de antemano todas las variables para no equivocarnos. Pero lamentablemente estamos en el mundo real, y nunca tendremos la **certeza** de que estamos tomando no solo el camino correcto sino también la misión adecuada para nosotros. ¿Cómo podríamos saberlo?

Nada es seguro al 100%, por ello desde la psicología animamos a pasar a la acción una vez tengamos **el 75% de certeza** de que es lo correcto. Ese 75% es suficiente y justifica el compromiso: de esa forma, evitamos que la necesidad de estar completamente seguros (algo imposible) se convierta en la **excusa** eterna para no hacer nada.

Otra forma de tomar conciencia de lo que realmente implica nuestra misión es enfocarlo como si se firmara un contrato con el banco, es decir, leyendo con lupa **la letra pequeña**.

La letra pequeña de tu propósito

Todos recordamos la crisis inmobiliaria que empezó en 2008, y que se llevó por delante los ahorros de miles de familias. Hubo muchos factores implicados, pero hubo uno especialmente doloroso: los bancos persuadían a la gente con ingresos bajos para que comprara casas que no se podía permitir. Fue una estafa, pero fue legal.

¿Por qué? Porque en la letra pequeña del contrato que todo el mundo **firmó sin leer**, se explicaba lo que no se decía a la cara: que esas personas vivirían asfixiadas por las deudas y que los bancos les quitarían la casa al primer problema.

Si la gente hubiera sido consciente de lo que suponían esos contratos, nunca habría firmado. Pero se dejó arrastrar por la imagen de seriedad de los bancos, porque era lo que todo el mundo hacía, porque en las tertulias se repetía que las casas nunca perdían valor, porque habían hecho el cuento de la lechera y porque todos somos humanos, en definitiva. Y la gente (familiares míos incluidos), hizo lo que nunca se debe hacer: **comprometerse a ciegas**.

Este hecho me sirve para insistir en la importancia de saber qué va a suponer tu compromiso con el propósito que has elegido. Si quieres ser actor, en las cláusulas principales de tu contrato estará lo de sentirte realizado, hacerte famoso, ganar premios, encarnar a personajes únicos o viajar. Sin embargo, en la letra pequeña aparecerán las horas perdidas memorizando textos anodinos, los ejercicios para educar la voz, los madrugones, la precariedad inicial, la crítica y la no garantía de absolutamente nada. Esas son las cosas que debes valorar antes de comprometerte con la carrera de actor, y no la cantidad de galas a las que irás.

Si no tienes clara la letra pequeña de tu propósito, te invito a que la descubras con preguntas de este tipo:

- ¿Sabes cuál es **la acción** que deberás ejecutar más veces? (Por ejemplo, si quieres ser boxeador, probablemente esa acción son los pasos sobre los metatarsos).

- ¿Sabes a qué tendrás que **renunciar** antes, durante y después de conseguir tu propósito?
- ¿Sabes el porcentaje de **azar** o imprevistos en tu misión?
- ¿Tienes **referentes** o gente a tu alrededor con una misión parecida?
- ¿Qué sería sinónimo de **fracaso** en tu misión? ¿Y de **éxito**?
- ¿Qué es lo **peor** que te puede suceder?
- ¿Cuáles son tus **líneas rojas** en esa misión? Es decir, ¿en qué circunstancias será más valiente renunciar que seguir?

Saber a qué te enfrentas reducirá las posibilidades de abandono cuando aparezcan las piedras en tu camino.

Entierra las excusas

«Si realmente quieres hacer algo, encontrarás la forma. Si no, encontrarás excusas.»
— Jim Rohn

Para comprometerte con tu objetivo, es imprescindible que dejes de **auto engañarte**. Más que llevar un horario estricto, más que dedicar X horas a tu trabajo, el compromiso pide honestidad contigo mismo. Y si hay algo opuesto a la honestidad son las excusas.

Todos inventamos excusas para **librarnos** de hacer algo que no queremos, o **disculparnos** por una acción que no estuvo bien. Es inevitable en una sociedad que nos exige continuamente regalar nuestro tiempo a otros. Pero la cantidad de excusas que usamos regularmente dice mucho de nosotros: dice si **somos de fiar** o no, y si llevamos una vida más o menos organizada y **alineada** con nuestros objetivos.

Cuando alguien dice: «Se me estropeó el coche y por eso no pude asistir a tu evento», está diciendo que el fallo del vehículo provocó la inevitable ausencia de esa persona al evento y que, de no ser por el coche, habría asistido al evento. ¿Es una excusa o es un motivo lícito?

Depende de las intenciones de esa persona. Si realmente el coche era el único modo de llegar y realmente se estropeó, entonces es una **causa ajena a su voluntad**. Si el coche no se estropeó, o se estropeó y esa persona **aprovechó** la circunstancia para librarse del evento en vez de buscar alternativas, entonces es una excusa.

Aquí te dejo una lista de las 7 principales excusas que usan mis pacientes para evitar pasar a la acción. Si tú también estás viviendo en modo excusa, te invito a que tomes conciencia de ello:

1. **El pasado:** Es cierto que a mucha gente le han tocado malas cartas en esta vida. Injusticias, traumas y desgracias han colocado a algunas personas muy por detrás de otras en las posiciones de salida hacia el éxito. Si es tu caso, recuerda que **pasar a la acción te ayudará**. Tal vez no podrás luchar en todos los frentes que te gustaría, pero no dejes de presentar batalla: verás cómo la vida se pone de tu

parte. Recuerda que tú no eres tu pasado, ni este determina tu futuro.

2. **Cómo va el mundo:** A diferencia de la anterior, esta excusa no suelen usarla los que tienen peores cartas, sino los que tiene una mejor y **más espaciosa zona de confort**. Quejarse del gobierno, de cómo se comporta la gente, de los tiempos que corren, de la violencia en el mundo, etc., es lícito, pero no hacer nada porque «no vale la pena» no lo es.

A poco que afines tu sentido de la observación, te darás cuenta de que los que más se quejan y lamentan de cómo va el mundo son los que menos contribuyen a mejorarlo. Si eres una de estas personas, valora hasta qué punto tú eres parte del **problema** y no parte de la **solución**.

3. **No estoy preparado:** Esto es muy loable cuando es sincero. Si no te sientes preparado para una relación, un trabajo

más ambicioso o una maratón, es mejor que lo expreses tal cual. Sin embargo, si realmente deseas algo, ponte una **fecha** y detalla los **requisitos necesarios** para verte preparado. De lo contrario, te estás atrincherando en las excusas.

4. **No va a funcionar:** La gente que usa esta excusa es especialista en **arruinar los sueños** propios y de los demás. Bajo el pretexto de que «hay que ser realista», ahogan proyectos maravillosos antes siquiera de dar el primer paso. Sí, hay que tener los pies en la tierra, pero vivir inmovilizados porque sabemos que algo no va a funcionar es ridículo. Recuerda que, lamentablemente, no tenemos la capacidad de **adivinar el futuro**.

El «no va a funcionar» lleva escondida la temible **profecía autocumplida**. La profecía autocumplida es un mecanismo de defensa más o menos consciente que ponemos en marcha para que algo fracase tal y como habíamos «predicho». El matiz está en que la predicción que hacemos no se basa en hechos objetivos, sino en intenciones e interpretaciones distorsionadas o directamente falsas.

5. **Se me da muy mal:** Las declaraciones del tipo «soy muy malo en...» o «yo no sirvo para...» a veces responden a creencias distorsionadas sobre la propia capacidad, pero en su mayoría son solo excusas para no intentar algo. Para cortar estos pensamientos, suelo citar a Jim Rohn: «No digas si pudiera, lo haría. Di si puedo, lo haré».

6. **Ya lo intenté:** Es cierto que los fracasos desmoralizan. Si ya intentaste algo y fallaste, tal vez mejor dejarlo, ¿no? Pues no: elegir tus batallas es de sabios, pero no elegir ninguna es subestimarte.

Antes de rendirnos, hay que llevar ese fracaso que tanto dolió a la sala de autopsias y analizar qué sucedió. Luego habrá que valorar la relación entre ese fracaso y lo que nos proponemos hoy. Si el objetivo es el mismo (por ejemplo, correr una maratón), hay que **aprender de la experiencia** y abordarlo con más eficacia la próxima vez. Recuerda la cita del comienzo de este capítulo: tu compromiso está con seguir intentándolo.

7. **Ya es tarde para eso:** Sí, el tiempo pasa factura. Ya no somos esos jóvenes rebosantes de energía y pasión que nos comíamos el mundo en una noche. Nuestros trenes ya pasaron, y hay que asumirlo. ¿Eres de los que piensan así? Entonces recuerda lo que decíamos sobre la neuroplasticidad: **nunca es tarde para ser como queremos ser**.

Cuando digo esto a mis pacientes, muchos reaccionan con sarcasmo: «¿Así que aún puedo ser Mozart?». Suelo preguntarles si realmente desean ser Mozart, y la respuesta siempre es no, porque no deseamos ser otro: deseamos ser nosotros mismos, pero con mejores prestaciones.

En cuanto a nuestras limitaciones, solo añadiré esto: Se ha demostrado que incluso el lóbulo frontal de una persona alcohólica es capaz de recuperarse por completo y **volver a su capacidad** una vez superada la adicción.

Detrás de muchas excusas lo que hay es **miedo**. Atreverse es arriesgado, pero debemos intentarlo. No compres siempre el «más vale conocido que bueno por conocer»: de hecho, si puedes, no lo compres nunca.

Qué es la motivación y por qué debe tener el mejor papel secundario

Se dice que los entrenamientos de los hombres y mujeres samurái eran los más duros. No solo se les preparaba físicamente desde niños, sino que su adiestramiento contemplaba pruebas de resistencia al dolor, el frío, el hambre y el sueño, y un elevado control mental de impulsos y emociones. Si aquellos guerreros, que solían provenir de clases acomodadas (por lo que no necesitaban pasar por esos calvarios para vivir), soportaban todo aquello, era porque se identificaban y *creían* en lo que hacían.

¿Cómo puedes tú identificarte con tu propósito de vida? ¿Qué necesitas para **creer en él**?

Necesitas **motivación**.

Volvamos al programa lunar de Kennedy y a una anécdota que tuvo lugar en el año 1963, cuando el presidente John F. Kennedy visitó la NASA para interesarse por los avances. Se cuenta que, en su recorrido por las instalaciones, Kennedy se cruzó con un empleado del servicio de limpieza y le preguntó por las responsabilidades de su trabajo. El conserje respondió: «Señor presidente, estoy ayudando a llevar al hombre a la Luna».

La anécdota explica no solo el compromiso de ese trabajador con la empresa sino, sobre todo, qué es la motivación: con unas responsabilidades muy remotamente relacionadas con la ingeniería aeroespacial, el conserje sentía que formaba parte del proyecto de llegar a la Luna, y por eso su compromiso con su trabajo (fregar el suelo básicamente), era total.

Durante los últimos 50 años se han llevado a cabo muchos estudios acerca de la motivación. En el ámbito del trabajo todos arrojan resultados parecidos a los que resume la anécdota del conserje de la NASA: el dinero es un gran incentivo pero, una vez el trabajador tiene garantizado un sueldo correcto y seguridad, son el tipo de tareas, su enfoque y su resultado los que aportan más o menos motivación. Entre dos conserjes con un mismo sueldo y responsabilidades, encontraremos mucho más motivado al que trabaja en un lugar que le parece interesante. Es posible que el segundo conserje esté tranquilo y satisfecho, pero el primero está *motivado*. ¿Cuál de los dos resistirá mejor las tentaciones, cuando lleguen?

Si la motivación es una fuerza tan poderosa, ¿por qué tanta autodisciplina? ¿No es suficiente con la motivación?

Es una excelente pregunta. Es cierto que sin motivación es muy difícil aceptar ninguna autodisciplina. El problema es que la motivación depende de factores emocionales y sociales, por lo que es inestable. La autodisciplina, en cambio, se ejecuta desde la razón al margen de los sentimientos, por lo que es algo mucho más mecánico e impermeable a los cambios.

En otras palabras: si la autodisciplina es el vehículo que nos lleva hasta nuestros sueños, la motivación es la chispa que enciende el motor.

Céntrate en la identidad

El concepto de identidad ha sido muy estudiado por James Clear en sus trabajos sobre la creación de hábitos. Para Clear, igual que para muchos otros autores (me incluyo), el éxito pasa por **identificarte con la misión**, es decir, *convertirte* en la persona que logra realizar esa misión. Si quieres ser músico, adopta la mentalidad de alguien que ya se está convirtiendo en músico profesional. Olvídate del objetivo que alcanzarás en unos años y enfócate en el cambio de identidad: trae el futuro aquí y ahora.

Tal vez esto te parezca un poco abstracto. En su libro *Hábitos atómicos*, Clear lo explica con el siguiente ejemplo: dos fumadores han decidido que quieren dejar de fumar, y están en ello. Cuando se les ofrece un cigarrillo, ambos lo rechazan, aunque sus respuestas son sensiblemente distintas: mientras el primero dice «no, gracias, estoy intentando dejarlo», el segundo dice «no, gracias, no soy fumador».

Sabemos que las palabras se las lleva el viento, pero no la **actitud**: el primer fumador lucha contra su adicción pero no ha cambiado la mentalidad (aún no se ve como un no fumador) mientras que el segundo ya se identifica a sí mismo como **el nuevo yo** que quiere ser.

El efecto del progreso fundamentado, o no empezar de cero

Esta técnica se basa en que las personas nos comprometemos con más facilidad con una tarea si **ya tenemos una parte hecha**.

Esta técnica se ha probado en muchos experimentos, a menudo en centros educativos con bajo rendimiento escolar.

En estos centros, los chicos y chicas suelen tener muy mala relación con los estudios, básicamente por las pocas alegrías que estos les reportan y por la nula identificación con el propósito de estudiar.

La técnica en este caso consiste en comunicar a los alumnos a principio de curso que todos ellos están calificados con la máxima puntuación: un 10 sobre 10, un A+, lo que sea el máximo según ese sistema educativo. Por supuesto, los alumnos creen que es una trampa y se muestran impasibles: saben que eso no es posible. Además, nunca han obtenido un 10 en nada. Pero se les garantiza, y se habla sobre cómo se sienten con ese 10 que ya tienen.

Luego se les informa que lo único que deben hacer a lo largo del curso es defender ese 10. Los exámenes, los trabajos, los controles, todo lo que sirva para evaluar su aprendizaje son los peligros que deben sortear: cada vez que fallen, tendrán que renunciar a una pequeña parte del 10, es decir, rebajar su nota.

Lo que se pretende con ofrecerles ya un 10 es incentivar a los estudiantes para que ya se vean como estudiantes con buenas notas. La posibilidad de terminar la asignatura con un aprobado, un 8 o incluso un 10 en vez de un suspenso más hace mucho **más atractivo el compromiso** con la misión.

Ten presente la fatalidad

Esta frase tan truculenta me sirve para traer aquí otra enseñanza del *Código Bushidō* de los samurái: para avanzar hacia el éxito hay que tener siempre presente la idea de la muerte. Como nosotros no somos samurái, no es necesario que pensemos en la muerte física, pero sí en una **posible fatalidad**. ¿Por qué?

Muchos estudios psicológicos han demostrado que los compromisos más inquebrantables con una misión se dan tras imaginar el **peor escenario** posible para ella. La visualización de lo negativo como posibilidad, lejos de desanimar o alarmar, ofrece una dosis extra de madurez.

Si tu deseo de vida es ser empresario independiente, prueba a visualizar un futuro decepcionante, por ejemplo, con trabajos muy por debajo de tu potencial (no significa que vaya a ser así): si aun así lo prefieres antes que dedicarte a otra cosa, esta visualización te ayudará en los momentos de **frustración**.

Comprometerse con el futuro es abandonar el pasado

Otro drama: cortar con el pasado. Dejar la vida de siempre para comprometernos con un objetivo vital no solo es difícil por nuestra parte emocional sino también por la racional. Y no se trata de dejar el pueblo para ir a vivir a la ciudad *manteniendo* la misma mentalidad: se trata de adoptar una **nueva mentalidad**, lo que implica abandonar la anterior para siempre.

Todos los seres vivos sentimos el impulso instintivo de comportarnos según las **acciones del pasado que nos reportaron beneficio** o, por lo menos, ausencia de dolor. Cuando tomamos una decisión que implica una ruptura con estas, nuestro cerebro se opone porque forma parte de su trabajo mantenernos seguros por encima de cualquier otra cosa. Por ello, no dudará en protestar e inventar excusas más o menos sofisticadas: una de ellas, el famoso síndrome del impostor.

El síndrome del impostor

El síndrome del impostor es el miedo al éxito. Se trata de una **falsa creencia** vinculada a una baja autoestima: no creemos que valemos tanto o no nos creemos merecedores de la confianza de los demás en el objetivo que nos hemos propuesto tanto en el ámbito profesional como en las relaciones de pareja o familiares.

Nuestro cerebro se anticipa haciéndonos sentir indignos de lo que hemos conseguido o vamos a conseguir como mecanismo de defensa para evitar un mal mayor, que es el dolor o la vergüenza de ser «descubiertos» o rechazados por nuestros compañeros o familiares por postularnos por algo que no *merecemos*.

Para librarnos de ese síndrome tendremos que trabajar nuestra autoestima y demostrarnos con pruebas, por pequeñas que sean, que sí valemos para eso y somos dignos de confianza.

Junto al síndrome del impostor está el miedo a ser **abandonados por el grupo** si nuestro crecimiento despierta recelos o envidias. Eso, lamentablemente, sucederá tarde o temprano, y tendremos que enfrentarnos a las temidas palabras: «has cambiado».

Comprométete contigo mismo le pese a quien le pese. No estamos hablando de ser egoístas ni trepas ni ladrones de los recursos de los demás: estamos hablando de que **tu misión debe ser respetada** igual que tú respetas las misiones de los demás.

No pierdas el tiempo tratando de convencer a nadie de que, aunque estás creciendo personal o profesionalmente, sigues siendo digno de su amor o confianza: los que te quieren van a seguir a tu lado, y los que no te quieren, solo estaban allí para usarte.

No pases al siguiente capítulo si aún no estás comprometido con un objetivo. No es necesario que sea el gran propósito de vida ahora mismo: puedes simplemente comprometerte con tu **mejora personal**. Verás como, en el camino de la autodisciplina, encuentras tu porqué.

Resumen del capítulo

- Para comprometerte con tu objetivo debes leer **la letra pequeña** de tu compromiso.

- Las excusas postergan nuestro **paso a la acción**. Debemos entender su beneficio a corto plazo pero su peligro a la larga.

- La **motivación** es lo que te empuja a dar **el primer paso**. La autodisciplina es lo que te permite **continuar**. Por ello, necesitamos a la primera para *creer* y a la segunda para *llegar*.

- La motivación pertenece al terreno de los **deseos** mientras que la autodisciplina pertenece al terreno de lo **racional**.

- Identificarnos con nuestro **yo futuro** nos permite adoptar el compromiso de una forma más natural.

- Tener en cuenta lo **imprevisible** (la fatalidad), es importante para madurar nuestros proyectos de vida.

- Comprometerse con el cambio es **cortar con el pasado**.

- El miedo a lo nuevo da pie al **síndrome del impostor** y a otras falsas creencias.

PASO 4

Disciplina tu cuerpo

«Todos sufriremos una de estas dos cosas: el dolor de la disciplina o el dolor del arrepentimiento.»

— Jim Rohn

En los siguientes dos capítulos nos centraremos en técnicas y recursos para introducir la autodisciplina en el cuerpo y en la mente. Ten presente que la mente engloba dos vertientes, que son la actividad intelectual y la actividad emocional.

La buena noticia es que las tres –cuerpo, racionamiento y emoción– están conectadas y se alimentan una de la otra, por lo que mejorando una, beneficiamos también a las demás.

En este capítulo aprenderemos a vencer la resistencia del propio cuerpo al esfuerzo físico para hacerlo más eficiente, sano y feliz.

Instintivamente, nuestro cuerpo huye del dolor y se refugia en el placer. Sin embargo, sabemos que el «dolor» de ponernos en forma no es perjudicial sino todo lo contrario, mientras que el «placer» –en este caso, el sedentarismo–, a la larga es una trampa.

Supongamos que nos estamos preparando para correr una carrera popular. Uno de los objetivos es hacer que el cuerpo aguante cada día un poco más. ¿Cómo convencerlo de ello? ¿Cómo decirle, cuando ya ha corrido los 8 kilómetros de ayer, que puede seguir un poco más?

La regla del 40% de los SEALs

Imagino que conoces los SEALs, los miembros de la Unidad de Élite de la Marina de los Estados Unidos. Salvando las distancias, ser un hombre o una mujer SEAL equivale a lo que en el pasado fue ser un samurái: los guerreros mejor preparados de su país.

En los duros entrenamientos para convertirse en SEAL, los aspirantes usan **la regla del 40%**: cuando sienten que han llegado al límite de sus fuerzas físicas, deben asumir que en realidad **solo han consumido el 40% de ellas**. Es decir, que aún disponen de otro 60% antes de que el cuerpo llegue al agotamiento real: lo que sucede es que ese 60% lo consumirán con dolor y con el cerebro reptiliano enviando mensajes de alarma.

Cuando no tenemos el suficiente auto conocimiento, ignoramos dónde está **nuestro límite físico,** por lo que nos guiamos por los mensajes de alarma que nos envía el cerebro al primer signo de cansancio. En consecuencia, mucho antes de que el cuerpo se agote, ya hemos «comprado» la **creencia** de que no podemos más.

Lo interesante es que esa creencia puede ser fácilmente **manipulada** desde la mente. Según demostraron experimentos con placebo, si se le daba una pastilla «de cafeína» (en realidad, sin ningún principio activo) a deportistas en el momento que creían que no podían más, estos eran capaces de continuar creyendo que era gracias a la dosis extra de energía que acababan de tomar, aunque en realidad lo hacían por pura autosugestión.

Eso demostraba que **el cuerpo sí podía más**, aunque el cerebro decía que no.

Puedes aplicar la regla del 40% en tus entrenamientos, pero también en muchas otras situaciones de tu día a día: la última reunión de la jornada cuando ya estás muerto, la sesión de futbol que le prometiste a tu hijo, el trayecto a casa cargado con las bolsas de la compra... Simplemente, cuando creas que no puedes más, recuerda que te queda **la mitad de la reserva** de energía disponible[2].

Domina tu dolor

La forma de percibir el dolor físico es distinta en cada persona y tiene que ver con el carácter, la genética, las emociones y las experiencias previas de cada uno. Sin embargo, es posible **modificar la percepción del dolor** mediante técnicas mentales, para hacerlo más soportable.

De forma instintiva, nuestro primer impulso frente al dolor es tratar de alejarlo de cualquier manera: mover la zona afectada (¿qué hacemos cuando nos damos un golpe en un dedo?), soplar, gritar, maldecir... Muchas de esas acciones no van encaminadas a detener el dolor sino a **distraer la mente** para que no lo perciba con tanta intensidad. Y funciona.

---

[2] Con esto no se insta a poner en riesgo la propia seguridad o integridad ni desobedecer indicaciones médicas. La regla del 40% debe aplicarse como técnica de autodisciplina en hábitos saludables.

Distraer la mente es la base para la mayoría de estrategias para apaciguar el dolor[3]:

- **Observar el dolor** consiste en centrarse en las sensaciones dolorosas y sentir cómo vienen y van sin hacer nada para impedirlo. Llegará un momento en que seremos capaces de soportar el dolor sin reaccionar, y ya no será tan intenso.
- **Imaginar el cuerpo** como vía o camino por el que el dolor transita como si se tratara de un cable que conduce electricidad o de un canal por donde baja el agua.
- **Respirar** profunda y conscientemente mientras dura el dolor, igual que hacemos en las sesiones de meditación.
- Visualizar **imágenes tranquilizadoras** o de un futuro muy próximo (por ejemplo, el fin de la sesión de entrenamiento).

---

[3] Es importante aclarar que el único dolor que aconsejo aprender a ignorar es el del esfuerzo voluntario, no el de lesiones, accidentes o enfermedades.

- **Relativizar el dolor** comparándolo con otros que has sentido en el pasado o que imaginas peores. Pueden servirte estas palabras del triatleta Javier Gómez Noya: «La única parte de mi cuerpo que no me ha dolido entrenando son las pestañas».

Uno de los dolores más intensos presentes en nuestra sociedad es el dolor que experimentan las mujeres **durante el parto**. Las contracciones, que duran horas, se intensifican en la fase final, que es precisamente cuando las mujeres están agotadas y aun así deben reponerse para el gran esfuerzo final de empujar.

Si explico esto es porque va ligado a mi **técnica favorita** para dominar el dolor: me basta con pensar que si mi madre, con menos preparación que yo, fue capaz de soportar un dolor tan intenso cuando me dio a luz, yo puedo aguantar todos los dolores físicos de cualquier disciplina que me imponga.

Disciplina tus noches

Uno de los grandes males que arrastra la especie humana son nuestros **pésimos hábitos de descanso**.

Dormir es una de las necesidades más básicas, y la lista de males que conlleva no hacerlo es infinita. Sin embargo, tengo la consulta llena de pacientes que no saben o no pueden descansar, y pocos de ellos se han tomado realmente en serio el problema.

¿Por qué no descansamos como es debido?

La mayoría de gente reporta los mismos motivos: estrés, ansiedad, dolores físicos, preocupaciones, desequilibrio entre el cansancio mental y el físico, exceso de estímulos, luces, ruidos, etc. Los conozco bien, son los mismos motivos que yo tenía antes de autodisciplinarme en este asunto.

Sin embargo, dudo que tengamos **peores condiciones para dormir** que en épocas anteriores, como la Edad Media. Por aquel entonces la gente pasaba más frío, estaba más tiempo enferma y se iba a la cama con hambre permanente o con múltiples amenazas, como lobos o ratas, por poner algunas situaciones más o menos habituales. Con ello pretendo reflexionar sobre si lo que nos impide descansar hoy día es realmente imposible de modificar.

Suelo preguntar a mis pacientes si sabían que los SEALs son capaces de dormirse en dos minutos, incluso sentados a plena luz del día y con estallidos de bombas a su alrededor. Obviamente, no lo saben, y obviamente yo se lo digo solo para provocar una reacción en ellos, ya que no le deseo a nadie tener que dormirse bajo fuego real.

Lo que quiero conseguir es **relativizar** los motivos de mis pacientes. No porque su ansiedad o dolores no sean importantes, sino porque **no**

son importantes en el momento de meterse en la cama para dormir.

Cualquier pensamiento o emoción que nos viene a la cabeza cuando ya hemos decidido dormir, va en nuestra contra y debemos ser capaces de alejarlo.

La libreta en la mesilla de noche

Algunos pacientes me comentan que es en la cama cuando se acuerdan de cosas importantes que deben hacer al día siguiente, o se les ocurren buenas ideas. Otros me dicen que las preocupaciones los abordan justo cuando se acuestan. Eso es así porque nuestro sistema nervioso está tan **desestabilizado** por el estrés que se resiste a dormir por si «hay que hacer algo más». Está permanentemente **en guardia**.

Una buena manera de decirle a nuestro cerebro que ya se puede relajar es tener en la mesilla de noche una libreta y dejar por escrito cada pensamiento que nos viene, solo con un par de palabras, y cortar enseguida cualquier otro pensamiento sobre el tema. Lo que estamos diciendo a nuestra hipervigilancia es: «ok, ya está apuntado, puedes dormirte, mañana lo vemos».

Al poco de usar esta técnica, nuestro cerebro se acostumbra a dejar de dar vueltas a las cosas justo antes de dormir porque ya sabe que lo hemos anotado para el día siguiente y que no se nos olvidará.

La técnica de dormir de los SEALs

Como he dicho, los soldados de élite de los Estados Unidos están entrenados para dormirse en casi cualquier momento y circunstancia. Para ello utilizan técnicas de relajación que permiten aumentar rápidamente sus niveles de **melatonina**.

La melatonina es una hormona que generamos de forma natural y que interviene en el ciclo del sueño. Sus niveles ascienden al anochecer, con la ausencia de luz, y descienden tras las primeras horas de sueño: el pico de máxima melatonina se da **entre las 20h y las 22h** (puede variar en función de la estación y el lugar geográfico en el que nos encontremos).

La función de la melatonina es facilitar la **fase de latencia**, que es el tiempo necesario para pasar de estar despiertos a dormir (la temida fase de **conciliación del sueño**). Se considera normal una latencia del sueño de **hasta 20 minutos** en niños y jóvenes, y de **hasta 30 minutos** en adultos y personas mayores.

Lo que hacen los SEALs es reducir al máximo la duración de esta fase relajando su cuerpo por zonas como si fueran desenchufando aparatos de la corriente eléctrica.

Esta es una adaptación a su pauta de relajación, aunque puedes encontrar muchas otras en internet y plataformas de audio. Por supuesto, esta técnica, como tantas otras, no da frutos a la primera, sino que requiere práctica:

1. Tumbado sobre la cama, cierra los ojos y visualiza las distintas zonas de tu cara sin moverlas. Ve relajándolas una a una: frente, párpados, parte inferior de los ojos, nariz, labios...
2. Haz lo mismo con los hombros, los brazos, el cuello, las manos y los dedos, por turnos. Si sientes estas partes muy tensas, oblígate a tensarlas fuertemente durante unos segundos y relájalas a continuación.
3. Siente los pulmones durante unos segundos.
4. Relaja la parte inferior de tu cuerpo, visualizándola sin moverla: abdomen, zona pélvica, piernas, pies.
5. Céntrate en tu mente y visualiza algo muy relajante, como tú meciéndote lentamente sobre una canoa en un mar calmado. Si esto no funciona, visualiza la frase NO PIENSES, y repítela durante unos minutos.

Otros trucos para disciplinar tus hábitos de descanso

- Mantén los mismos horarios cada día.

- Haz que el dormitorio sea un lugar agradable, calmado, sin ruido, sin desorden, con una temperatura adecuada y sin aparatos eléctricos enchufados durante la noche.

- Date tiempo para la fase de latencia: si pretendes dormir siete horas y media, no te vayas a la cama justo cuando faltan siete horas y media para que suene el despertador.

- Termina el día con un ejercicio de relajación guiada para dormir.

- Termina el día con un ejercicio de gratitud o de felicitación a ti mismo por el esfuerzo realizado durante el día. Te recomiendo probar el **diario de gratitud** que uso con mis pacientes:

Resumen del capítulo

- Debemos aprender a autodisciplinar cuerpo y mente, lo que engloba la actividad física, la actividad intelectual y la actividad emocional.

- La **regla del 40%** se basa en que creemos que ya no podemos más físicamente cuando en realidad nos queda más de la mitad de **energía disponible**.

- La **percepción del dolor** se puede reducir mediante técnicas mentales.

- Los buenos **hábitos de descanso** son básicos y repercuten en todas nuestras funciones físicas, mentales y emocionales.

PASO 5

Disciplina tu mente

«Gobierna tu mente, o ella te gobernará a ti.»
— Horacio

Vamos a ver ahora cómo ponemos orden en nuestra cabeza, entrenando **nuestros recursos intelectuales y nuestra parte emocional**. Ten presente que las conexiones entre ambos –pensamientos y emociones–, son tan fuertes que es imposible disciplinar una si no educamos también la otra.

Empecemos con la parte más racional.

Nuestros recursos intelectuales

Cualquier actividad intelectual, desde redactar un informe hasta leer las instrucciones de un aparato eléctrico, requiere **concentración**. Sin embargo, pasamos el día entero sometidos a cientos de estímulos mentales, provocando que nuestro cerebro trabaje incansablemente para interpretar y seleccionar la información que le llega y que generalmente no aporta más que **estrés** y **dispersión**.

El estrés provoca la liberación de hormonas como el cortisol. Estas hormonas, liberadas en exceso, producen problemas en la memoria, alteran el estado de ánimo y nublan la claridad mental para la toma de decisiones.

¿Podemos ser amigos de nuestro estrés?

La respuesta es, sorprendentemente, sí. No solo podemos ser amigos: ¡debemos!

El estrés no es más que una respuesta adaptativa a una situación. Ante la perspectiva de un examen, **sentir algo de estrés** (es decir, de tensión), es bueno porque nos ayuda a mantenernos **enfocados** en el examen. Si el estrés se dispara porque la perspectiva de fracasar es demasiado dolorosa, el exceso de estrés provoca el **bloqueo del cerebro**. Por lo tanto, nuestra primera batalla en la lucha por autodisciplinar la mente no es contra el estrés sino contra el **exceso de estrés**.

El matiz es importante.

El estrés no es tener mucho trabajo, es la sensación de que no podemos con él. La sensación de vivir asfixiados es la diferencia entre las personas que son efectivas y las personas que, teniendo el mismo tiempo (los días son de 24 horas para todo el mundo), sufren y fracasan.

¿Recuerdas el ejemplo de las dos casas y la tormenta del capítulo 1? Pues cuando vivimos permanentemente bajo la tormenta, no vale con poner parches: hay que ir a los cimientos. Y si es necesario, habrá que derribar la casa entera para volver a construirla sobre cimientos mejor fijados. Eso implica a veces tener que deconstruir las creencias sobre las que nos estábamos sosteniendo.

La batalla contra la incomodidad neuronal

La incomodidad neuronal es una molestia parecida al dolor de la regla del 40%, pero que aparece **antes de iniciar la tarea**: suele presentarse ante trabajos tediosos, aburridos, desagradables, largos, etc., y no necesariamente agotadores físicamente.

Los experimentos demuestran que, si **ignoramos estos mensajes** y atacamos el trabajo, la incomodidad neuronal desaparece al cabo de pocos minutos, incluso segundos, y podemos realizar la tarea con eficiencia y concentración.

¿Cómo luchamos contra la **incomodidad neuronal**?

Lo primero, ser conscientes de ella. Hay que recordar que nuestro cerebro, cuando se trata de protegernos de un peligro (aunque sea percibido erróneamente), no duda en **engañarnos**. Eso es una buena noticia, porque significa que nuestro sistema de auto protección funciona. La mala noticia es que hay que saber cuándo el cerebro nos está estafando.

Lo segundo para ganarle a la incomodidad neuronal es vencer la resistencia del primer minuto **aceptando que no estamos cómodos** haciendo eso. Sentimos el cansancio o las emociones negativas mientras realizamos eso y le damos la razón a nuestro cerebro: efectivamente, no nos gusta nada hacer eso (pero seguimos con la tarea).

Cada vez que continuamos realizando una tarea a pesar de la incomodidad neuronal, nuestro cerebro entiende que no había tal peligro, por lo que cada vez nos costará menos hacerlo. Cuando hayamos repetido esa acción o hábito 100 veces, ya sea entrenar para una maratón, ducharnos con agua fría o llevar negociaciones duras en los acuerdos económicos de la empresa, nuestro cerebro ya no nos enviará mensajes para que paremos porque ha aprendido que **no hay peligro real**. Lo que le estamos diciendo es: «tranquilo, está controlado».

Trata de practicar **actividades incómodas** cada día. No para auto castigarte, sino para familiarizarte con esa sensación desagradable. Si quieres ponerte en forma, sube las escaleras a pie. Si quieres mejorar tus habilidades sociales, oblígate a mantener breves conversaciones a diario con gente ajena a tu círculo. Si quieres dominar de verdad la cocina, oblígate a usar alimentos que no te apasionan o que son poco versátiles.

La técnica del *pomodoro*

Este famoso recurso sirve para evitar sentirse hastiado ante la perspectiva de pasar las siguientes horas o todo el día realizando una tarea odiosa, aburrida o agotadora mentalmente. Su inventor fue el italiano Francesco Cirillo, y se llama «del *pomodoro*» porque la herramienta involucrada en un inicio –un **temporizador**–, tenía aspecto de tomate y servía para controlar los tiempos de cocción en la cocina.

La técnica consiste en introducir unos minutos de placer de forma controlada entre los ratos de máxima concentración con el fin de oxigenar nuestro cerebro. La propuesta de Cirillo es de **5 minutos de descanso por 25 minutos de concentración**, aunque la podemos adaptar a nuestras necesidades.

Durante las pausas, vale todo menos concentrarnos. Podemos bailar una canción, hacer respiraciones, salir al balcón, reír con alguna interacción social, tomar algún alimento o bebida... (no inicies tareas que tengas que dejar a medias si eso te va a poner nervioso).

Cirillo proponía además tomar un descanso más largo cada cuatro *pomodoros*.

Antes de empezar hay que calcular el número de horas que se van a dedicar a la tarea y decidir cada cuánto habrá una pausa, que irá marcada por el temporizador. Es importante que ni los intervalos de trabajo ni los de pausa se modifiquen durante todo el ejercicio: si decidimos una cadencia de 30-5-30-5... debemos cumplirla. Y si a la larga podemos pasar de los 25 minutos a los 35 o 45 sin bajar rendimiento, hagámoslo. La autodisciplina **se nutre de sí misma con la repetición**.

Las olas de concentración de Lobdell

Algo muy parecido al recurso anterior proponía el psicólogo Marty Lobdell, experto en técnicas de estudio. Para estudiar durante 5 horas con la máxima concentración (es decir, entendiendo y reteniendo el máximo de información posible), él decía que se necesitaban 6 horas. Tras cada media hora de estudio, van 5 minutos de ocio.

¿Por qué rompemos el ritmo? ¿Eso no nos desconcentra?

Las pruebas han evidenciado que, tras 30 minutos de máxima concentración, ésta empieza a **descender**. En una representación de su trayectoria, la concentración dibujaría una línea curva que descendería gradualmente pasada la primera media hora, y ya no subiría más. El peligro de distraernos con cosas de nuestro alrededor o con pensamientos intrusivos se dispara a partir de entonces, y es por eso que Marty Lobdell nos invita a parar y oxigenarnos.

Tras 5 minutos, el cerebro vuelve a estar preparado para otra media hora.

Si seguimos con la técnica de Lobdell, la línea de la concentración remontaría hasta dibujar cinco olas, una por cada unidad de estudio + pausa. Es cierto que la última media hora no será tan productiva como la primera, pero lo será más que si nos obligamos a mantener la concentración 5 horas seguidas sin pausas.

Autodisciplina para las emociones

Es momento de abordar la parte más difícil de la autodisciplina según la mayoría de mis pacientes (pronto te darás cuenta que no es la más difícil, sino la que nos da más miedo abordar).

Ya hemos explicado que la autodisciplina va de actuar conforme a una **decisión tomada** de antemano y no de acuerdo a los sentimientos que nos surjan en el momento de acción.

Pero ¿qué hay de intervenir en las emociones en sí? ¿Podemos *no sentir* algo?

Efectivamente, no podemos. Pero sí podemos **educar** nuestra conducta o reacción, como de hecho venimos haciendo desde que somos críos.

Mucha gente trata de imponerse a sus propias emociones ignorándolas. Yo creo que la clave es lo contrario: de igual modo que debes conocer tus limitaciones físicas, debes **conocer tus emociones y sus disparadores**.

Por ejemplo, si pierdes los nervios al volante, debes saber de antemano que las emociones como la ira o la rabia saltarán como un tiburón blanco si te metes en el atasco de las cuatro de la tarde a la salida de la ciudad. La solución no es evitarlo sino **enfrentarlo**: ve al atasco un día que no tengas prisa y espera a que vengan esas emociones. Siente las ganas de gritar, de dar golpes al volante o incluso salir del coche en busca de bronca. Asume que son tus emociones, pero que tú no eres ellas.

Otra técnica que recomiendo en situaciones que nos desquician es lo que llamo la «retransmisión del partido». Consiste en **describir** lo que estamos viviendo (por ejemplo, el atasco) como si estuviéramos retransmitiendo un partido de fútbol desde la grada.

Parece cosa de broma, pero si repites esta técnica a menudo, tu ira no volverá a aparecer en los atascos y ahorrarás una energía preciosa.

Molesta a tu estado de ánimo

Esto tiene que ver con la famosa zona de confort emocional. Se trata de dejar los sentimientos y emociones que te hacen estar confiado y buscar los que te molestan y contrarían. De nuevo, no se trata de convertir tu vida en un calvario, sino de **aceptar las emociones desagradables** como un miembro más de la familia con el fin de que no te descoloquen el día que se presenten por sorpresa.

Aquí van algunas ideas que han puesto en práctica mis pacientes para acostumbrarse a las emociones molestas:

- Si no soportas pasar **vergüenza**: Baila en mitad de la calle o vístete un día de un color llamativo.
- Si te cuesta **hablar en público**: Dirígete a la gente durante un trayecto de autobús o metro y pregúntales si han visto un paraguas que acabas de perder.
- Si necesitas tener **el control** para no sentirte nervioso: Pasa un día entero cediendo el control y la iniciativa a los demás.
- Si te desespera que las cosas no estén **a tu gusto**: Escucha una canción que no soportes, camina un rato con una piedrecita en el zapato, habla con alguien sobre un tema cuya opinión sepas que es diametralmente opuesta a la tuya, ve a un restaurante que te parece un robo por lo que ofrece.

La técnica de la piedra gris

Hay situaciones –o mejor dicho, personas–, que simplemente nos pueden. Suelen ser perfiles **tóxicos o manipuladores,** personas que disfrutan haciendo estallar a los demás mediante juegos mentales. Si tienes cerca a uno de estos personajes y no puedes hacer nada por sacarlo de tu vida –que sería mi primera opción–, te aconsejo que aprendas a usar la técnica de la piedra gris.

El lema de esta técnica es ***responder en vez de reaccionar.*** Se trata de no dar a esta gente la atención o la discusión que buscan, entendiendo que vuestras intenciones son opuestas: mientras tú discutes para aclarar el tema, la otra persona se está divirtiendo en secreto viendo cómo pierdes los papeles.

En vez de entrar en la discusión, **baja el volumen de tus emociones** a cero y sé una impasible piedra gris: usa frases neutras y sin implicación personal, sé ambiguo ante las provocaciones y contesta con expresiones descafeinadas (es posible, ajá, puede ser, es normal, no estoy muy al corriente...), etc. Si la otra persona sube el nivel de agresividad, contéstale sin inmutarte: lamento que digas esto, yo no lo veo así, no puedo evitar que pienses así, ¿A qué te refieres con que yo terminaré mal?, etc.

Al principio te sentirás falso, y seguro que la otra persona lo notará también. Pero con la práctica, aprenderás a convertirte en la piedra gris contra la que van a tropezar los buscabroncas y los perfiles conflictivos.

Disciplina contra la ansiedad

En pocas palabras: tu ansiedad es tu cerebro reptiliano enviándote **mensajes de alarma**. El problema es que tu sistema de alarma ha sido *hackeado* y ahora te envía señales cuando no existe un peligro real para tu supervivencia.

Aunque el tema de la ansiedad da para un libro entero como mínimo, aquí solo le dedicaremos un apartado con las indicaciones básicas para hacerle frente.

1. Habla con ella

Habla con tu propia ansiedad cuando la sientas. Trátala como si fuera una visita inoportuna que debes despachar rápidamente, pero sin perder las formas: «Lo lamento, pero ahora mismo no puedo atenderte», «Entiendo que estés aquí, pero no te necesito ahora».

2. Utiliza técnicas de relajación

Hay muchos recursos, desde la meditación hasta la escritura terapéutica. Si realizas una actividad relajante durante un pico de ansiedad, pasará antes: recuérdate que la ansiedad es pasajera y desaparece cuando ya te ha dado «el mensaje» de peligro.

3. Demuéstrale que puedes

La ansiedad es tu propia inseguridad diciéndote que no puedes. No te molestes por eso, recuerda que es tu cerebro tratando de protegerte. Busca maneras de obtener **pequeñas victorias** para ir tomando confianza y demostrarle que sí puedes. Si tu problema es hablar en público, empieza por explicarle algo a un par de vecinos. Luego, aumenta tu audiencia a tres o cuatro en distintas situaciones. Si te da pánico sumergirte en el mar, toma un calendario de verano y comprométete a adentrarte en el agua un paso más cada día.

4. Confronta la ansiedad con diagnósticos

A menudo la ansiedad viene disfrazada de ataques al corazón o brotes de «locura». Para quitarle la máscara, ve al médico y obtén informes que demuestren que lo único que tienes son ataques de ansiedad y no un colapso o enfermedad real.

Resumen del capítulo

- Disciplinar nuestra mente significa entrenar tanto la **parte intelectual** como la **parte emocional**.

- **Estrés** y **exceso de estrés** no son lo mismo: el estrés (=tensión), nos ayuda a estar enfocados. El exceso de estrés nos desborda y bloquea.

- La **incomodidad neuronal** es esa molestia que sentimos antes de iniciar una tarea que no nos apetece.

- Las **técnicas de estudio** como la del *pomodoro* son básicas para mantener la concentración en cualquier actividad intelectual.

- Para disciplinar tus emociones, debes **asumirlas** sin juzgarlas y anticipar los **disparadores**.

- No podemos **dejar de sentir** emociones, pero sí podemos dominarlas para que no nos perjudiquen.

- La ansiedad solo es la **mensajera**.

PASO 6

Moldea tu tiempo

«No puede haber ningún logro significativo si no manejas adecuadamente tu tiempo.»

— Brian Tracy

Todo lo que poseemos y nos rodea está **hecho de tiempo**. El plato que cenarás esta noche, tu trayectoria profesional y las pirámides de Egipto están hechas del tiempo que tomó realizarlas.

Sin embargo, la cantidad de tiempo que se emplea en realizar cada cosa no siempre ha sido la más eficiente: de hecho, creo que la especie humana es la que más tiempo **desperdicia** a lo largo de su existencia.

¿Por qué no sabemos aprovechar el tiempo?

La Ley de Cyril Parkinson

¿Has experimentado alguna vez eso de que cuanto más grande es tu casa, más la llenas de cosas? Pues con el tiempo sucede lo mismo: si tienes mucho tiempo para realizar una tarea, es probable que lo llenes de tareas secundarias y llegues a la entrega de la tarea por los pelos.

Esto es lo que descubrió el historiador británico Cyril Parkinson en 1957 a propósito de las tareas administrativas: que tendemos a aumentar la cantidad de trabajo de una tarea hasta **llenar por completo el tiempo** que se nos ha dado para finalizarla. Y al contrario: al disminuir el tiempo disponible, somos capaces de simplificar la tarea con eficacia para terminarla cuando toca.

Debido a este principio, solemos decir que trabajamos mejor bajo presión, o que si no hay una fecha en el horizonte no nos ponemos con algo. En realidad, no deberíamos aceptar esto. Si podemos hacer algo en una hora, no lo alarguemos una tarde entera, aunque dispongamos de esa tarde. Autodisciplina también significa decidir de antemano cuánto tiempo dedicaremos a una tarea (recordemos que el tiempo no sale de una máquina expendedora sino de nuestra vida), y ceñirnos a nuestra decisión.

> «La mala noticia es que el tiempo vuela. La buena noticia es que tú eres el piloto.»
> — Michael Altshuler

¡No tengo tiempo!

En una ocasión, un maestro quiso mostrar a sus discípulos que el tiempo es algo mucho más orgánico de lo que se suele creer. Dispuso un jarrón y lo empezó a llenar de piedras. Cuando estuvo lleno, preguntó:

– ¿Creéis que cabe algo más?

Los discípulos negaron con la cabeza.

Entonces el maestro cogió gravilla y la fue tirando dentro del jarrón. La gravilla se coló entre las rocas, llenando los huecos hasta que ya no cupo más. Nuevamente, el maestro preguntó:

— Y ahora, ¿cabe algo más?

Los discípulos negaron con la cabeza.

El maestro cogió arena fina y la fue echando dentro del jarrón. Los huecos que no había podido llenar la grava, quedaron llenos de arena. Cuando la arena rebosó el jarrón, el maestro preguntó de nuevo.

— Y ahora, ¿puedo meter algo más?

Los discípulos negaron otra vez.

Finalmente, el maestro vertió agua en el jarrón, y consiguió que cupiera un buen chorro antes de rebosar.

El jarrón es nuestro tiempo, y lo que conseguimos introducir en él son las cosas a las que dedicamos ese tiempo. Las piedras son lo más importante (nosotros mismos, la familia, nuestra carrera, etc.), y es lo que debe recibir más tiempo, pero entre ellas hay sitio para mucho más si sabemos adaptarlo al jarrón: la gravilla, la arena y el agua son todas las demás cosas que llenan nuestra vida, desde los amigos y el ocio hasta los viajes, nuestros primos lejanos, las tareas domésticas o el adiestramiento de nuestro nuevo cachorro.

Te invito a que pienses cuáles son tus piedras, tu grava, tu arena y tu agua. Después, calcula por encima la cantidad de tiempo que estás dedicando a cada una. ¿Te gusta lo que ves?

Si analizas la distribución de tu tiempo diario, desde que te levantas hasta que te acuestas, y eres como la mayoría de mortales, seguro que detectarás dos cosas:

1. **Fugas** importantes de tiempo, sobre todo alrededor del móvil, los videojuegos o las tiendas, entre semana, y en actividades sin ningún interés en fin de semana.

2. **Períodos vacíos** que no se aprovechan y que podrías dedicar a cosas que te gusten (los huecos que siguen en el jarrón tras verter la grava y la arena): el trayecto diario de casa al

trabajo, el tiempo perdido en colas y salas de espera, etc.

No hay nada malo en tener redes sociales, visitar tiendas, salir con amigos o tumbarnos en el sofá a no hacer nada. El problema es hacerlo cuando habíamos decidido hacer otra cosa, o alargarlo más de la cuenta cuando sabemos que lo vamos a lamentar.

Los 10 mandamientos de la gestión del tiempo

1. **Usarás la agenda a diario:** cada noche planificarás el día siguiente, y cada mañana revisarás la lista de tareas antes de empezar la jornada.

2. Tendrás presente la **agenda a largo plazo**, la de los objetivos vitales.

3. **Planificarás** cada semana, cada mes y cada año al inicio de cada uno.

4. Te preguntarás a menudo: ¿Qué es lo más **importante** que debo hacer ahora mismo?

5. Lucharás a partes iguales contra el **perfeccionismo** y la **procrastinación**.

6. Aprenderás a **poner límites** a las exigencias de los demás y a las presiones sociales.

7. No **regalarás** tu tiempo a quien no se lo merezca.

8. Tendrás bajo control las cosas que te hacen **perder tiempo**.

9. Aprenderás a hacer lo que ya sabes hacer, pero más **rápidamente**.

10. Te **opondrás** a la Ley de Parkinson.

La gestión del tiempo productivo

«Encuentro fascinante que la mayoría de las personas planifiquen sus vacaciones con mucho más cuidado que sus propias vidas. Quizás eso se debe a que escapar es más fácil que cambiar.»
— Jim Rohn

A continuación, van las recomendaciones que yo suelo hacer para rentabilizar el tiempo en el trabajo o negocio:

- Define y escribe las **tres tareas más importantes** del día. Empieza la jornada trabajando en ellas, empezando por la que requiere más concentración.
- **Adjudica** un límite de tiempo a cada tarea. Fíjate **plazos realistas**.
- **Concéntrate al 100% en cada actividad**: tanto si revisas una hoja de cálculo como si charlas con un amigo, en ese rato todo lo demás desaparece.

- Reduce las **interrupciones**: no te dediques a chequear tu mail cada dos minutos. En vez de esto, decide cada cuánto vas a revisar tu bandeja.
- Haz en bloque todas las pequeñas tareas que se puedan **terminar en menos de 3 minutos** (para librarte de la dispersión que provocan).
- Si tienes pendiente una tarea desagradable, quítatela de encima durante **las primeras horas** del día.
- **Clasifica** y ordena el resto de tareas. Te recomiendo el método de Stephen Covey:

  1) Urgentes e importantes.

  2) No urgentes pero sí importantes.

  3) Urgentes pero no importantes.

  4) No urgentes y no importantes.
- **Deja huecos** en tu agenda para imprevistos o retrasos.

- Aprende a **delegar**, **confiar** en la capacidad de los demás y **pedir ayuda** cuando sea necesario.
- Aprende a **decir no** a las solicitudes indebidas. Todos hacemos favores y a todos nos gusta ayudar, pero nadie merece ser utilizado.
- Acuérdate de hacer **pausas** y de no **hiperfocalizar** (una cosa es estar concentrado y otra que se nos pase la hora de comer o de salir del trabajo por estar hipnotizados con la tarea).
- Mantén despejado tu espacio de trabajo.
- Al final de la jornada, haz una **valoración** del día como si se tratara de valorar a un equipo de futbol tras el partido.
- Si odias tu trabajo, recuérdate a menudo **por qué trabajas**. No sientas que el mundo te debe algo por tu inmenso esfuerzo: el 98% de la población se esfuerza a diario más o menos como tú.

La Ley de Pareto

El principio de **Pareto** establece que el 80% de las consecuencias vienen del 20% de las causas, el 80% de los resultados dependen del 20% del trabajo y el 80% de los beneficios de una empresa están generados por el 20% de sus productos y clientes.

Si aplicamos esta ley a la administración del tiempo, tenemos que el 80% de los resultados que nos interesan **provienen únicamente del 20% de nuestro tiempo productivo**. Localiza ese tiempo y suprime las tareas que no te aportan nada.

Por ejemplo: si dedicas diez horas a la semana a entrenar, pero parte de este tiempo lo pasas eligiendo la ropa que te vas a poner, haciéndote fotos para subirlas a las redes, grabándote en vídeo para explicar tu sesión de entrenamiento y hablando con los compañeros del gimnasio, no apuntes que las diez horas las dedicas a ponerte en forma.

Y que conste que no estoy juzgando tu manera de entrenar. Lo que quiero saber es: ¿es así como lo quieres tú?

Si hemos conseguido disciplinar nuestra mente y nuestras emociones, debemos poder disciplinar nuestro tiempo para que nos sirva, y no al contrario.

Resumen del capítulo

- Tendemos a utilizar **todo el tiempo del que disponemos** para realizar una tarea, sea necesario o no (Ley de Parkinson).

- Para ser más productivos, es esencial **planificar** con antelación cada día, cada mes y cada año.

- Según la **Ley de Pareto**, solo el 20% del tiempo trabajando produce el 80% del resultado que se espera.

- En el trabajo, **delegar**, **priorizar** e **ignorar** lo que no sea importante a cada momento supone un ahorro de tiempo extraordinario.

- Pregúntate a menudo: ¿qué es **importante** hacer ahora mismo?

PASO 7

Vence las tentaciones

«La tentación de abandonar será más fuerte justo antes de conseguir el objetivo.»
— Proverbio chino

Cuenta la antigua mitología griega que las sirenas eran unos seres malignos que vivían en alta mar. Tenían una voz muy atractiva y les gustaba tentar a los marineros, que se lanzaban al mar para atraparlas y morían ahogados.

Cuenta también que Ulises, que sabía del peligro, ordenó a su tripulación que se tapara los oídos con tapones de cera para no oír los cantos de las sirenas cuando pasaran junto a ellas. Sin embargo, él no quiso perderse sus maravillosas voces, así que pidió que le ataran al mástil y no lo liberaran por mucho que lo ordenara.

Efectivamente, al pasar por la Isla de las Sirenas, Ulises oyó las voces que lo tentaban con dulces promesas pero, como estaba atado, no pudieron arrastrarlo con ellas.

Con este mito vengo a decir que no siempre podrás vivir ocultando los cantos de sirena. Por lo tanto, la mejor manera de afrontar la tentación es saber que existe y tener estrategias para resistirla antes de creer inocentemente que basta con mirar para otro lado.

El siguiente apartado va justamente de eso.

Las islas de las sirenas

Igual que Ulises sabía que tendría que pasar por la Isla de las Sirenas, tú sabes que algunas situaciones suponen una tentación para ti. Lo ideal es esquivarlas, pero ya hemos dicho que eso no siempre es posible: por eso hay que contar con **planes de respaldo** para cuando te toque navegar junto a sirenas.

Los planes de respaldo son acciones que trazamos mentalmente de antemano para hacer frente a una situación que sabes que será difícil. Los psicólogos llaman a esta técnica **«intención de implementación»**, y es algo así como el apuntador de las obras de teatro que susurra a los actores lo que tienen que decir cuando se quedan en blanco en el escenario.

Pongamos que estás a dieta y que llegan las fiestas de Navidad. Sabes que una parte importante de estas reuniones es comer y beber en exceso durante los encuentros sociales. Un posible plan de respaldo es **decidir de antemano** que solo tomarás un plato y una copa en cada celebración. Debes visualizarte haciendo esto y apoyándote en las charlas con familiares o compañeros de trabajo para evitar comer de más.

Tener un plan de respaldo te ayudará a controlar la situación adversa y a ahorrar energía al no tener que **improvisar** o **depender de tu estado emocional** para resistir la tentación: recuerda que las tentaciones llegan cuando tienes la guardia bajada, y lo hacen en forma de voz inofensiva: «no pasa nada por saltarte la dieta un día. ¡Solo se vive una vez!».

Recuerda que después de oír los cantos de sirenas, los marineros morían ahogados.

El cheque de los 10 millones de dólares

Esta técnica está sacada de una anécdota que atribuyen al actor Jim Carrey.

Dicen que, durante muchos años, Carrey llevó en su billetera un cheque de 10 millones de dólares. Ese cheque estaba dibujado sobre una servilleta de papel, así que su valor económico real era de exactamente cero dólares.

A Carrey se le ocurrió esta estrategia de apoyo en sus inicios, cuando trabajaba en encargos ingratos y mal pagados y con un futuro bastante incierto. Puso el «cheque» en su billetera y, cada vez que la sacaba, podía verlo y recordar **el futuro que quería.** Eso alejaba la tentación de abandonar la carrera de actor para buscarse un trabajo «como Dios manda». Pues bien, se estima que el patrimonio de Jim Carrey en la actualidad es de 150 millones de dólares.

Te invito a que diseñes tu propio cheque (existen plantillas disponibles para ello) con el valor económico que creas que debes recibir por consagrar tu vida a tu misión. Llévalo encima y míralo cada vez que tengas la tentación de abandonar.

Otros trucos para evitar tentaciones

A estas alturas ya te habrás dado cuenta de que tu cerebro va a tratar de alejarte del arduo camino de la autodisciplina por todas las vías posibles. Por eso es importante que apuntales tus decisiones con todos los trucos que puedas aprender para resistir la tentación. Ahí van algunos más:

1. **Da tu palabra**. Busca a alguien a quien te duela decepcionar y explícale lo que quieres lograr. Comprometer tu honor y tu orgullo te ayudará a continuar.

2. **Compromete dinero.** Decide una cantidad de dinero que realmente te moleste perder, y renuncia a ella cada vez que falles. Por ejemplo: cada vez que no hagas una tarea, transferirás 100 dólares al club rival de tu equipo favorito o lo donarás al partido político que más detestas.

3. **Marca cada día de éxito en un calendario** y déjalo en un lugar visible. Poco a poco el calendario se llenará de pequeños logros y cada vez te dolerá más fallarte a ti mismo.

4. **Rodéate de la gente adecuada**. El comportamiento es contagioso. Nuestras decisiones están influenciadas por la gente que nos rodea mucho más de lo que imaginas:

rodéate de gente que te aporte y a quien puedas aportar, y sentirás la diferencia.

5. **El gran hermano.** Grávate con la cámara del móvil desde el momento que has decidido hacer una tarea pesada (por ejemplo, limpiar la nevera o responder los mails de varios clientes enfadados), hasta el momento que la terminas, y amenázate con mostrarle el vídeo a alguien. Verás cómo espabilas.

6. **Alarga el fracaso hasta que te abrume**. ¿Habías decidido cenar verdura hoy y finalmente te has encajado una pizza precocinada? Muy bien: oblígate a cenar pizza los seis días siguientes, o hasta que la vergüenza te pueda.

Resumen del capítulo

- Vivimos rodeados de tentaciones, y es absurdo tratar de ocultarlas. Es mejor conocer dónde están **nuestras islas de las sirenas** y prepararnos para pasar junto a ellas.

- Los **planes de respaldo** son una buena estrategia para exponernos a situaciones potencialmente tentadoras.

- Algunas estrategias que recomiendo a mis pacientes para evitar caer en las tentaciones son ligar las caídas a **consecuencias dolorosas** (como perder dinero o pasar vergüenza), o **rodearse de la gente adecuada** o recordar a menudo **por qué hacemos lo que estamos haciendo** en vez de tomar un camino más fácil.

Alcanza la excelencia

Suelo terminar mis libros felicitando a los lectores que han llegado hasta el final y se han comprometido con **su auténtico potencial**. Pero antes de felicitarte a ti, quiero preguntarte: ¿has sentido ya un **pequeño cambio** en tu manera de ver la vida? ¿Has percibido que la autodisciplina es el camino no solo para ponerte las pilas sino para alcanzar la plenitud? Si es así, ya has oído «la llamada»: ¡Te felicito sinceramente!

Ahora no permitas que esta energía se disipe, no dejes que nada se interponga entre lo que has aprendido y **tu impulso de ponerlo en práctica**. Es el momento. No hay nada más importante en tu vida, créeme.

Es cierto que tienes trabajo por hacer, pero no dejes que eso te intimide: empieza por evaluar en qué punto estás (¡seguro que no estás tan mal como crees!), y fíjate tus propósitos vitales. Esos son los **pasos 1 y 2** de este libro, y puedes tenerlos listos en menos de una semana. A partir de ahí, trabaja duro, sé constante, mejora tu relación con el tiempo y no pierdas de vista que **tu futuro es dorado.**

¿Recuerda que al inicio te decía que, si tras completar estos 7 pasos tu vida no mejoraba, te devolvía el dinero? Pues lo mantengo. Así de seguro estoy, no porque mi libro sea infalible sino porque creo en **el poder de la autodisciplina para cambiarlo todo.**

También debo advertirte que mi método ha revolucionado la vida de muchos de mis pacientes y también la mía, pero no tiene mucho más secreto que **trabajo** y **perseverancia.** La pócima mágica para autodisciplinarte en 24 horas aún no se ha inventado, a menos que yo sepa.

La buena noticia es que sabes que eres perfectamente capaz de ello. Y que un futuro del que estarás orgulloso o orgullosa te espera, y no está lejos. De hecho, tu futuro empieza **aquí mismo**.

Como decía Mark Twain: «el secreto para salir adelante es comenzar.»

Y como digo yo: «¡Disciplínate y serás feliz!».

¡Que la fuerza de la disciplina te acompañe!

Daniel

Tu opinión es muy importante

Como autor independiente que soy, tu opinión es muy importante para mí y para futuros lectores como tú. Te estaría enormemente agradecido si me dejases **un comentario en tu plataforma favorita** diciéndome qué te ha parecido mi libro **para así poder seguir mejorándolo**:

- ¿Qué es lo que más te ha gustado?
- ¿Hay algo que hayas echado en falta?
- ¿A quién se lo recomendarías?
- ...

¡Un regalo solo para ti!

¿Te gustaría leer **mi próximo libro completamente GRATIS**? ¡Escanea el código que aparece debajo y **apúntate a mi club de lectores**!

Te esperan grandes sorpresas: sé el primero en leer mis nuevos lanzamientos, escucha mis audiolibros de forma gratuita, consigue copias firmadas y dedicadas... ¡y mucho más!

Otros libros de Daniel J. Martin

www.ingramcontent.com/pod-product-compliance
Ingram Content Group UK Ltd.
Pitfield, Milton Keynes, MK11 3LW, UK
UKHW011321220825
7529UKWH00030B/309